Family Reunion

_____

_____

Family gives us two things: one is roots, the other is wings.
- Unkown

Dedication

This Family Reunion Guest Book is dedicated to all the families out there who want to keep their reunion notes organized and document their findings in the process.

You are my inspiration for producing books and I'm honored to be a part of keeping all of your Family Reunion notes and records organized.

This journal notebook will help you record the details of who was at your family reunion.

Thoughtfully put together with these sections to record: Name, Address, Birthday, Phone, E-mail, Favorite Memory, Wishes For The Family.

How to Use this Book

The purpose of this book is to keep all of your Family Reunion notes all in one place. It will help keep you organized.

This Family Reunion Guest Book will allow you to accurately document details about who attended your family reunion.

Here are examples of the prompts for you to fill in and write about your experience in this book:

1. Name
2. Address
3. Birthday
4. Phone
5. E-mail
6. Favorite Memory
7. Wishes For The Family

Family Reunion

Name: _____
Address: _____
Birthday: _____
Phone: _____
E-mail: _____
Favorite Memory: _____
_____
_____
_____
_____
_____

Wishes For The Family: _____
_____
_____
_____
_____
_____
_____

Family Reunion

Name: _____

Address: _____

Birthday: _____

Phone: _____

E-mail: _____

Favorite Memory: _____

_____

_____

_____

_____

_____

Wishes For The Family: _____

_____

_____

_____

_____

_____

_____

Family Reunion

Name: _____

Address: _____

Birthday: _____

Phone: _____

E-mail: _____

Favorite Memory: _____

_____

_____

_____

_____

_____

Wishes For The Family: _____

_____

_____

_____

_____

_____

Family Reunion

Name: _____
Address: _____
Birthday: _____
Phone: _____
E-mail: _____
Favorite Memory: _____
_____
_____
_____
_____
_____
_____
Wishes For The Family: _____
_____
_____
_____
_____
_____
_____
_____

Family Reunion

Name: _____

Address: _____

Birthday: _____

Phone: _____

E-mail: _____

Favorite Memory: _____

_____

_____

_____

_____

_____

Wishes For The Family: _____

_____

_____

_____

_____

_____

Family Reunion

Name: _____

Address: _____

Birthday: _____

Phone: _____

E-mail: _____

Favorite Memory: _____

_____

_____

_____

_____

_____

Wishes For The Family: _____

_____

_____

_____

_____

_____

_____

Family Reunion

Name: _____

Address: _____

Birthday: _____

Phone: _____

E-mail: _____

Favorite Memory: _____

_____

_____

_____

_____

_____

_____

Wishes For The Family: _____

_____

_____

_____

_____

_____

_____

_____

Family Reunion

Name: _____

Address: _____

Birthday: _____

Phone: _____

E-mail: _____

Favorite Memory: _____

_____

_____

_____

_____

_____

Wishes For The Family: _____

_____

_____

_____

_____

_____

_____

Family Reunion

Name: _____

Address: _____

Birthday: _____

Phone: _____

E-mail: _____

Favorite Memory: _____

_____

_____

_____

_____

_____

Wishes For The Family: _____

_____

_____

_____

_____

_____

_____

_____

Family Reunion

Name: _____

Address: _____

Birthday: _____

Phone: _____

E-mail: _____

Favorite Memory: _____

_____

_____

_____

_____

_____

Wishes For The Family: _____

_____

_____

_____

_____

_____

_____

_____

Family Reunion

Name: _____

Address: _____

Birthday: _____

Phone: _____

E-mail: _____

Favorite Memory: _____

_____

_____

_____

_____

_____

Wishes For The Family: _____

_____

_____

_____

_____

_____

Family Reunion

Name: _____

Address: _____

Birthday: _____

Phone: _____

E-mail: _____

Favorite Memory: _____

_____

_____

_____

_____

_____

Wishes For The Family: _____

_____

_____

_____

_____

_____

_____

Family Reunion

Name: _____

Address: _____

Birthday: _____

Phone: _____

E-mail: _____

Favorite Memory: _____
_____
_____
_____
_____
_____

Wishes For The Family: _____
_____
_____
_____
_____
_____
_____

Family Reunion

Name: _____

Address: _____

Birthday: _____

Phone: _____

E-mail: _____

Favorite Memory: _____

_____

_____

_____

_____

_____

Wishes For The Family: _____

_____

_____

_____

_____

_____

_____

Family Reunion

Name: _____

Address: _____

Birthday: _____

Phone: _____

E-mail: _____

Favorite Memory: _____

_____

_____

_____

_____

_____

Wishes For The Family: _____

_____

_____

_____

_____

_____

_____

Family Reunion

Name: _____

Address: _____

Birthday: _____

Phone: _____

E-mail: _____

Favorite Memory: _____

_____

_____

_____

_____

_____

Wishes For The Family: _____

_____

_____

_____

_____

_____

_____

_____

Family Reunion

Name: _____

Address: _____

Birthday: _____

Phone: _____

E-mail: _____

Favorite Memory: _____

_____

_____

_____

_____

_____

_____

Wishes For The Family: _____

_____

_____

_____

_____

_____

_____

Family Reunion

Name: _____

Address: _____

Birthday: _____

Phone: _____

E-mail: _____

Favorite Memory: _____

_____

_____

_____

_____

_____

Wishes For The Family: _____

_____

_____

_____

_____

_____

_____

_____

Family Reunion

Name: _____

Address: _____

Birthday: _____

Phone: _____

E-mail: _____

Favorite Memory: _____

_____

_____

_____

_____

_____

Wishes For The Family: _____

_____

_____

_____

_____

_____

Family Reunion

Name: _____

Address: _____

Birthday: _____

Phone: _____

E-mail: _____

Favorite Memory: _____

_____

_____

_____

_____

Wishes For The Family: _____

_____

_____

_____

_____

_____

Family Reunion

Name: _____

Address: _____

Birthday: _____

Phone: _____

E-mail: _____

Favorite Memory: _____

_____

_____

_____

_____

_____

Wishes For The Family: _____

_____

_____

_____

_____

_____

_____

Family Reunion

Name: _____

Address: _____

Birthday: _____

Phone: _____

E-mail: _____

Favorite Memory: _____

_____

_____

_____

_____

_____

Wishes For The Family: _____

_____

_____

_____

_____

_____

_____

Family Reunion

Name: _____

Address: _____

Birthday: _____

Phone: _____

E-mail: _____

Favorite Memory: _____

_____

_____

_____

_____

_____

Wishes For The Family: _____

_____

_____

_____

_____

_____

Family Reunion

Name: _____

Address: _____

Birthday: _____

Phone: _____

E-mail: _____

Favorite Memory: _____

_____

_____

_____

_____

_____

Wishes For The Family: _____

_____

_____

_____

_____

_____

_____

Family Reunion

Name: _____
Address: _____
Birthday: _____
Phone: _____
E-mail: _____
Favorite Memory: _____
_____
_____
_____
_____
_____

Wishes For The Family: _____
_____
_____
_____
_____
_____
_____

Family Reunion

Name: _____

Address: _____

Birthday: _____

Phone: _____

E-mail: _____

Favorite Memory: _____

_____

_____

_____

_____

_____

Wishes For The Family: _____

_____

_____

_____

_____

_____

_____

Family Reunion

Name: _____

Address: _____

Birthday: _____

Phone: _____

E-mail: _____

Favorite Memory: _____

_____

_____

_____

_____

_____

_____

Wishes For The Family: _____

_____

_____

_____

_____

_____

_____

Family Reunion

Name: _____

Address: _____

Birthday: _____

Phone: _____

E-mail: _____

Favorite Memory: _____

_____

_____

_____

_____

_____

Wishes For The Family: _____

_____

_____

_____

_____

_____

_____

_____

Family Reunion

Name: _____

Address: _____

Birthday: _____

Phone: _____

E-mail: _____

Favorite Memory: _____
_____
_____
_____
_____
_____

Wishes For The Family: _____
_____
_____
_____
_____
_____
_____

Family Reunion

Name: _____

Address: _____

Birthday: _____

Phone: _____

E-mail: _____

Favorite Memory: _____

_____

_____

_____

_____

_____

Wishes For The Family: _____

_____

_____

_____

_____

_____

_____

_____

Family Reunion

Name: _____

Address: _____

Birthday: _____

Phone: _____

E-mail: _____

Favorite Memory: _____

_____

_____

_____

_____

_____

Wishes For The Family: _____

_____

_____

_____

_____

_____

Family Reunion

Name: _____

Address: _____

Birthday: _____

Phone: _____

E-mail: _____

Favorite Memory: _____

_____

_____

_____

_____

_____

Wishes For The Family: _____

_____

_____

_____

_____

_____

_____

Family Reunion

Name: _____

Address: _____

Birthday: _____

Phone: _____

E-mail: _____

Favorite Memory: _____

_____

_____

_____

_____

_____

_____

Wishes For The Family: _____

_____

_____

_____

_____

_____

_____

Family Reunion

Name: _____

Address: _____

Birthday: _____

Phone: _____

E-mail: _____

Favorite Memory: _____

_____

_____

_____

_____

_____

Wishes For The Family: _____

_____

_____

_____

_____

_____

_____

Family Reunion

Name: _____

Address: _____

Birthday: _____

Phone: _____

E-mail: _____

Favorite Memory: _____

_____

_____

_____

_____

_____

_____

Wishes For The Family: _____

_____

_____

_____

_____

_____

_____

_____

Family Reunion

Name: _____

Address: _____

Birthday: _____

Phone: _____

E-mail: _____

Favorite Memory: _____

_____

_____

_____

_____

_____

Wishes For The Family: _____

_____

_____

_____

_____

_____

_____

Family Reunion

Name: _____

Address: _____

Birthday: _____

Phone: _____

E-mail: _____

Favorite Memory: _____
_____
_____
_____
_____
_____

Wishes For The Family: _____
_____
_____
_____
_____
_____
_____

Family Reunion

Name: _____

Address: _____

Birthday: _____

Phone: _____

E-mail: _____

Favorite Memory: _____

_____

_____

_____

_____

_____

Wishes For The Family: _____

_____

_____

_____

_____

_____

_____

Family Reunion

Name: _____

Address: _____

Birthday: _____

Phone: _____

E-mail: _____

Favorite Memory: _____

_____

_____

_____

_____

_____

Wishes For The Family: _____

_____

_____

_____

_____

_____

_____

Family Reunion

Name: _____

Address: _____

Birthday: _____

Phone: _____

E-mail: _____

Favorite Memory: _____

_____

_____

_____

_____

_____

Wishes For The Family: _____

_____

_____

_____

_____

_____

_____

Family Reunion

Name: _____

Address: _____

Birthday: _____

Phone: _____

E-mail: _____

Favorite Memory: _____

_____

_____

_____

_____

_____

Wishes For The Family: _____

_____

_____

_____

_____

_____

_____

Family Reunion

Name: _____

Address: _____

Birthday: _____

Phone: _____

E-mail: _____

Favorite Memory: _____

_____

_____

_____

_____

_____

Wishes For The Family: _____

_____

_____

_____

_____

_____

_____

Family Reunion

Name: _____

Address: _____

Birthday: _____

Phone: _____

E-mail: _____

Favorite Memory: _____

_____

_____

_____

_____

_____

_____

Wishes For The Family: _____

_____

_____

_____

_____

_____

_____

Family Reunion

Name: _____

Address: _____

Birthday: _____

Phone: _____

E-mail: _____

Favorite Memory: _____

_____

_____

_____

_____

_____

Wishes For The Family: _____

_____

_____

_____

_____

_____

_____

Family Reunion

Name: _____

Address: _____

Birthday: _____

Phone: _____

E-mail: _____

Favorite Memory: _____

_____

_____

_____

_____

_____

Wishes For The Family: _____

_____

_____

_____

_____

_____

_____

Family Reunion

Name: _____

Address: _____

Birthday: _____

Phone: _____

E-mail: _____

Favorite Memory: _____

_____

_____

_____

_____

_____

Wishes For The Family: _____

_____

_____

_____

_____

_____

_____

Family Reunion

Name: _____
Address: _____
Birthday: _____
Phone: _____
E-mail: _____
Favorite Memory: _____
_____
_____
_____
_____
_____

Wishes For The Family: _____
_____
_____
_____
_____
_____
_____

Family Reunion

Name: _____

Address: _____

Birthday: _____

Phone: _____

E-mail: _____

Favorite Memory: _____

_____

_____

_____

_____

_____

Wishes For The Family: _____

_____

_____

_____

_____

_____

_____

Family Reunion

Name: _____

Address: _____

Birthday: _____

Phone: _____

E-mail: _____

Favorite Memory: _____

_____

_____

_____

_____

_____

Wishes For The Family: _____

_____

_____

_____

_____

_____

Family Reunion

Name: _____

Address: _____

Birthday: _____

Phone: _____

E-mail: _____

Favorite Memory: _____

_____

_____

_____

_____

_____

_____

Wishes For The Family: _____

_____

_____

_____

_____

_____

_____

_____

Family Reunion

Name: _____

Address: _____

Birthday: _____

Phone: _____

E-mail: _____

Favorite Memory: _____

_____

_____

_____

_____

_____

Wishes For The Family: _____

_____

_____

_____

_____

_____

Family Reunion

Name: _____

Address: _____

Birthday: _____

Phone: _____

E-mail: _____

Favorite Memory: _____

_____

_____

_____

_____

_____

Wishes For The Family: _____

_____

_____

_____

_____

_____

_____

Family Reunion

Name: _____

Address: _____

Birthday: _____

Phone: _____

E-mail: _____

Favorite Memory: _____

_____

_____

_____

_____

_____

Wishes For The Family: _____

_____

_____

_____

_____

_____

_____

_____

Family Reunion

Name: _____

Address: _____

Birthday: _____

Phone: _____

E-mail: _____

Favorite Memory: _____

_____

_____

_____

_____

_____

Wishes For The Family: _____

_____

_____

_____

_____

_____

_____

Family Reunion

Name: _____

Address: _____

Birthday: _____

Phone: _____

E-mail: _____

Favorite Memory: _____
_____
_____
_____
_____
_____

Wishes For The Family: _____
_____
_____
_____
_____
_____
_____

Family Reunion

Name: _____

Address: _____

Birthday: _____

Phone: _____

E-mail: _____

Favorite Memory: _____
_____
_____
_____
_____
_____

Wishes For The Family: _____
_____
_____
_____
_____
_____
_____

Family Reunion

Name: _____

Address: _____

Birthday: _____

Phone: _____

E-mail: _____

Favorite Memory: _____
_____
_____
_____
_____
_____

Wishes For The Family: _____
_____
_____
_____
_____
_____
_____

Family Reunion

Name: _____

Address: _____

Birthday: _____

Phone: _____

E-mail: _____

Favorite Memory: _____

_____

_____

_____

_____

_____

Wishes For The Family: _____

_____

_____

_____

_____

_____

_____

_____

Family Reunion

Name: _____

Address: _____

Birthday: _____

Phone: _____

E-mail: _____

Favorite Memory: _____
_____
_____
_____
_____
_____

Wishes For The Family: _____
_____
_____
_____
_____
_____

Family Reunion

Name: _____

Address: _____

Birthday: _____

Phone: _____

E-mail: _____

Favorite Memory: _____

_____

_____

_____

_____

_____

Wishes For The Family: _____

_____

_____

_____

_____

_____

_____

_____

Family Reunion

Name: _____

Address: _____

Birthday: _____

Phone: _____

E-mail: _____

Favorite Memory: _____

_____

_____

_____

_____

_____

Wishes For The Family: _____

_____

_____

_____

_____

_____

Family Reunion

Name: _____

Address: _____

Birthday: _____

Phone: _____

E-mail: _____

Favorite Memory: _____

_____

_____

_____

_____

_____

Wishes For The Family: _____

_____

_____

_____

_____

_____

_____

Family Reunion

Name: _____

Address: _____

Birthday: _____

Phone: _____

E-mail: _____

Favorite Memory: _____
_____
_____
_____
_____
_____

Wishes For The Family: _____
_____
_____
_____
_____
_____
_____

Family Reunion

Name: _____

Address: _____

Birthday: _____

Phone: _____

E-mail: _____

Favorite Memory: _____

_____

_____

_____

_____

_____

Wishes For The Family: _____

_____

_____

_____

_____

_____

_____

Family Reunion

Name: _____
Address: _____
Birthday: _____
Phone: _____
E-mail: _____
Favorite Memory: _____
_____
_____
_____
_____
_____

Wishes For The Family: _____
_____
_____
_____
_____
_____

Family Reunion

Name: _____

Address: _____

Birthday: _____

Phone: _____

E-mail: _____

Favorite Memory: _____

_____

_____

_____

_____

_____

Wishes For The Family: _____

_____

_____

_____

_____

_____

Family Reunion

Name: _____

Address: _____

Birthday: _____

Phone: _____

E-mail: _____

Favorite Memory: _____
_____
_____
_____
_____
_____

Wishes For The Family: _____
_____
_____
_____
_____
_____
_____

Family Reunion

Name: _____

Address: _____

Birthday: _____

Phone: _____

E-mail: _____

Favorite Memory: _____

_____

_____

_____

_____

_____

Wishes For The Family: _____

_____

_____

_____

_____

_____

_____

Family Reunion

Name: _____

Address: _____

Birthday: _____

Phone: _____

E-mail: _____

Favorite Memory: _____

_____

_____

_____

_____

_____

Wishes For The Family: _____

_____

_____

_____

_____

_____

_____

Family Reunion

Name: _____

Address: _____

Birthday: _____

Phone: _____

E-mail: _____

Favorite Memory: _____
_____
_____
_____
_____
_____

Wishes For The Family: _____
_____
_____
_____
_____
_____
_____

Family Reunion

Name: _____

Address: _____

Birthday: _____

Phone: _____

E-mail: _____

Favorite Memory: _____
_____
_____
_____
_____
_____

Wishes For The Family: _____
_____
_____
_____
_____
_____
_____

Family Reunion

Name: _____
Address: _____
Birthday: _____
Phone: _____
E-mail: _____
Favorite Memory: _____
_____
_____
_____
_____
_____

Wishes For The Family: _____
_____
_____
_____
_____
_____
_____

Family Reunion

Name: _____
Address: _____
Birthday: _____
Phone: _____
E-mail: _____
Favorite Memory: _____
_____
_____
_____
_____
_____

Wishes For The Family: _____
_____
_____
_____
_____
_____
_____

Family Reunion

Name: _____

Address: _____

Birthday: _____

Phone: _____

E-mail: _____

Favorite Memory: _____

_____

_____

_____

_____

_____

Wishes For The Family: _____

_____

_____

_____

_____

_____

_____

_____

Family Reunion

Name: _____

Address: _____

Birthday: _____

Phone: _____

E-mail: _____

Favorite Memory: _____
_____
_____
_____
_____
_____
_____

Wishes For The Family: _____
_____
_____
_____
_____
_____
_____
_____

Family Reunion

Name: _____
Address: _____
Birthday: _____
Phone: _____
E-mail: _____
Favorite Memory: _____
_____
_____
_____
_____
_____

Wishes For The Family: _____
_____
_____
_____
_____
_____
_____

Family Reunion

Name: _____

Address: _____

Birthday: _____

Phone: _____

E-mail: _____

Favorite Memory: _____

_____

_____

_____

_____

_____

Wishes For The Family: _____

_____

_____

_____

_____

_____

Family Reunion

Name: _____

Address: _____

Birthday: _____

Phone: _____

E-mail: _____

Favorite Memory: _____

_____

_____

_____

_____

_____

Wishes For The Family: _____

_____

_____

_____

_____

_____

_____

Family Reunion

Name: _____

Address: _____

Birthday: _____

Phone: _____

E-mail: _____

Favorite Memory: _____

_____

_____

_____

_____

_____

Wishes For The Family: _____

_____

_____

_____

_____

_____

Family Reunion

Name: _____

Address: _____

Birthday: _____

Phone: _____

E-mail: _____

Favorite Memory: _____

_____

_____

_____

_____

_____

Wishes For The Family: _____

_____

_____

_____

_____

_____

_____

Family Reunion

Name: _____

Address: _____

Birthday: _____

Phone: _____

E-mail: _____

Favorite Memory: _____
_____
_____
_____
_____
_____

Wishes For The Family: _____
_____
_____
_____
_____
_____
_____

Family Reunion

Name: _____

Address: _____

Birthday: _____

Phone: _____

E-mail: _____

Favorite Memory: _____

_____

_____

_____

_____

_____

Wishes For The Family: _____

_____

_____

_____

_____

_____

_____

Family Reunion

Name: _____

Address: _____

Birthday: _____

Phone: _____

E-mail: _____

Favorite Memory: _____

_____

_____

_____

_____

_____

Wishes For The Family: _____

_____

_____

_____

_____

_____

_____

Family Reunion

Name: _____

Address: _____

Birthday: _____

Phone: _____

E-mail: _____

Favorite Memory: _____

_____

_____

_____

_____

_____

Wishes For The Family: _____

_____

_____

_____

_____

_____

_____

_____

Family Reunion

Name: _____

Address: _____

Birthday: _____

Phone: _____

E-mail: _____

Favorite Memory: _____
_____
_____
_____
_____
_____

Wishes For The Family: _____
_____
_____
_____
_____
_____
_____

Family Reunion

Name: _____

Address: _____

Birthday: _____

Phone: _____

E-mail: _____

Favorite Memory: _____
_____
_____
_____
_____
_____

Wishes For The Family: _____
_____
_____
_____
_____
_____
_____

Family Reunion

Name: _____

Address: _____

Birthday: _____

Phone: _____

E-mail: _____

Favorite Memory: _____

_____

_____

_____

_____

_____

Wishes For The Family: _____

_____

_____

_____

_____

_____

_____

Family Reunion

Name: _____

Address: _____

Birthday: _____

Phone: _____

E-mail: _____

Favorite Memory: _____
_____
_____
_____
_____
_____

Wishes For The Family: _____
_____
_____
_____
_____
_____
_____

Family Reunion

Name: _____

Address: _____

Birthday: _____

Phone: _____

E-mail: _____

Favorite Memory: _____

_____

_____

_____

_____

_____

Wishes For The Family: _____

_____

_____

_____

_____

_____

Family Reunion

Name: _____

Address: _____

Birthday: _____

Phone: _____

E-mail: _____

Favorite Memory: _____

_____

_____

_____

_____

_____

Wishes For The Family: _____

_____

_____

_____

_____

_____

_____

Family Reunion

Name: _____

Address: _____

Birthday: _____

Phone: _____

E-mail: _____

Favorite Memory: _____

_____

_____

_____

_____

_____

Wishes For The Family: _____

_____

_____

_____

_____

_____

_____

Family Reunion

Name: _____

Address: _____

Birthday: _____

Phone: _____

E-mail: _____

Favorite Memory: _____

_____

_____

_____

_____

_____

Wishes For The Family: _____

_____

_____

_____

_____

_____

_____

Family Reunion

Name: _____

Address: _____

Birthday: _____

Phone: _____

E-mail: _____

Favorite Memory: _____

_____

_____

_____

_____

_____

Wishes For The Family: _____

_____

_____

_____

_____

_____

_____

Family Reunion

Name: _____
Address: _____
Birthday: _____
Phone: _____
E-mail: _____
Favorite Memory: _____
_____
_____
_____
_____
_____
Wishes For The Family: _____
_____
_____
_____
_____
_____
_____

Family Reunion

Name: _____

Address: _____

Birthday: _____

Phone: _____

E-mail: _____

Favorite Memory: _____

_____

_____

_____

_____

_____

Wishes For The Family: _____

_____

_____

_____

_____

_____

Family Reunion

Name: _____

Address: _____

Birthday: _____

Phone: _____

E-mail: _____

Favorite Memory: _____

_____

_____

_____

_____

_____

Wishes For The Family: _____

_____

_____

_____

_____

_____

_____

Family Reunion

Name: _____

Address: _____

Birthday: _____

Phone: _____

E-mail: _____

Favorite Memory: _____

_____

_____

_____

_____

_____

Wishes For The Family: _____

_____

_____

_____

_____

_____

_____

Family Reunion

Name: _____

Address: _____

Birthday: _____

Phone: _____

E-mail: _____

Favorite Memory: _____

_____

_____

_____

_____

_____

Wishes For The Family: _____

_____

_____

_____

_____

_____

_____

_____

Family Reunion

Name: _____

Address: _____

Birthday: _____

Phone: _____

E-mail: _____

Favorite Memory: _____
_____
_____
_____
_____
_____
_____

Wishes For The Family: _____
_____
_____
_____
_____
_____
_____
_____

Family Reunion

Name: _____

Address: _____

Birthday: _____

Phone: _____

E-mail: _____

Favorite Memory: _____

_____

_____

_____

_____

_____

Wishes For The Family: _____

_____

_____

_____

_____

_____

_____

Family Reunion

Name: _____

Address: _____

Birthday: _____

Phone: _____

E-mail: _____

Favorite Memory: _____
_____
_____
_____
_____
_____

Wishes For The Family: _____
_____
_____
_____
_____
_____
_____

Family Reunion

Name: _____

Address: _____

Birthday: _____

Phone: _____

E-mail: _____

Favorite Memory: _____

_____

_____

_____

_____

_____

Wishes For The Family: _____

_____

_____

_____

_____

_____

_____

_____

Family Reunion

Name: _____

Address: _____

Birthday: _____

Phone: _____

E-mail: _____

Favorite Memory: _____
_____
_____
_____
_____
_____

Wishes For The Family: _____
_____
_____
_____
_____
_____
_____

Family Reunion

Name: _____

Address: _____

Birthday: _____

Phone: _____

E-mail: _____

Favorite Memory: _____

_____

_____

_____

_____

_____

Wishes For The Family: _____

_____

_____

_____

_____

_____

_____

Family Reunion

Name: _____

Address: _____

Birthday: _____

Phone: _____

E-mail: _____

Favorite Memory: _____
_____
_____
_____
_____
_____
_____

Wishes For The Family: _____
_____
_____
_____
_____
_____
_____
_____

Family Reunion

Name: _____

Address: _____

Birthday: _____

Phone: _____

E-mail: _____

Favorite Memory: _____

_____

_____

_____

_____

_____

Wishes For The Family: _____

_____

_____

_____

_____

_____

_____

CPSIA information can be obtained
at www.ICGtesting.com
Printed in the USA
LVHW010203190423
744767LV00010B/478

9 781649 443212